AF153092

Impressum
Verlag: BABADADA GmbH, Nedderfeld 112 , 22529 Hamburg
Geschäftsführer / Verlagsleitung: Harald Hof
Druck: Books on Demand GmbH, In de Tarpen 42, 22848 Norderstedt

Imprint
Publisher: BABADADA GmbH, Nedderfeld 112 , 22529 Hamburg, Germany
Managing Director / Publishing direction: Harald Hof
Print: Books on Demand GmbH, In de Tarpen 42, 22848 Norderstedt

skole
isikole

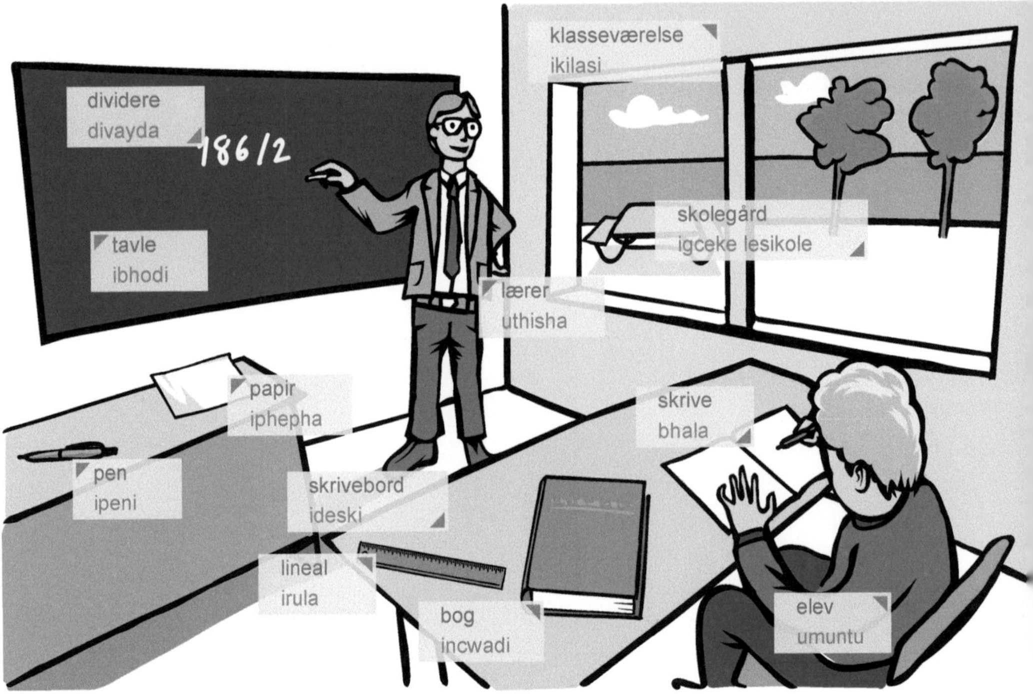
klasseværelse
ikilasi
dividere
divayda
186/2
tavle
ibhodi
skolegård
igceke lesikole
lærer
uthisha
papir
iphepha
skrive
bhala
pen
ipeni
skrivebord
ideski
lineal
irula
bog
incwadi
elev
umuntu

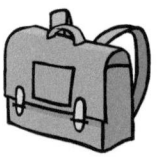

skoletaske

isikhwama

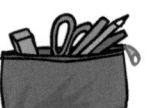

penalhus

isikwama sepeni

blyant

ipensela

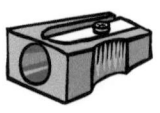

blyantspidser

umshini wokulola

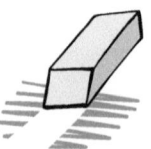

viskelæder

irabha

tegneblok

indawo yokudweba

tegning

ukudweba

pensel

ibrashi lokupenda

æske med vandfarver

ibhokisi lokupenda

saks

isikelo

lim

inomfi

opgavehefte

incwadi yesikole

lektie

umsebenzi wasekhaya

tal

inamba

addere

hlanganisa

subtrahere

susa

multiplicere

phindaphinda

regne

bala

bogstav

incwadi

alfabet

izinhlamvu zamagama

ord

igama

tekst

umbhalo

læse

funda

kridt

ushoki

time

isifundo

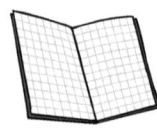

klasseprotokol

bhalisa

eksamen

isivivinyo

karakterbog

isitifiketi

skoleuniform

iyunifomu yesikole

uddannelse

imfundo

leksikon

i-encyclopedia

universitet

inyuvesi

mikroskop

isibonakhulu

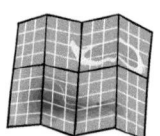

kort

ibalazwe

papirkurv

ibhaskidi yokulahla
amaphepha

rejse
ukuhamba

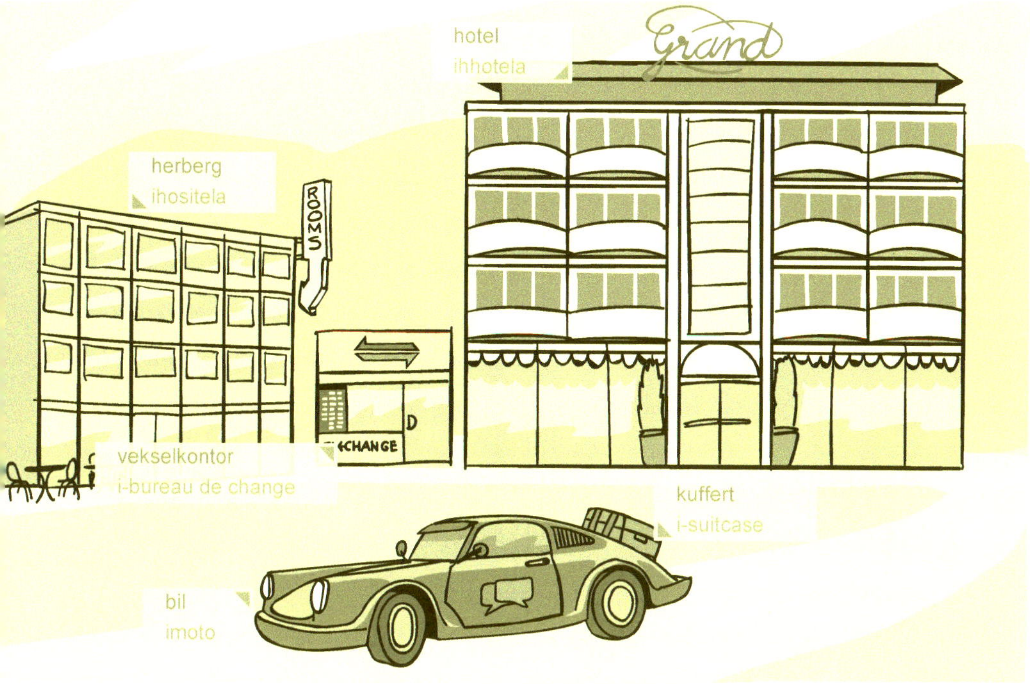
hotel
ihhotela
Grand
herberg
ihositela
ROOMS
vekselkontor
i-bureau de change
kuffert
i-suitcase
bil
imoto

sprog

ulimi

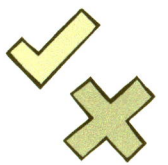

ja / nej

yebo / cha

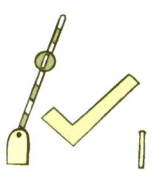

okay

kulungile

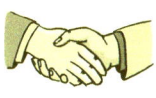

hej

sawubona

oversætter

umhumushi

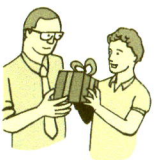

tak

Ngiyabonga

hvad koster...?

iyimalini i...?

Jeg forstår ikke

angiqondi

problem

inkinga

God aften!

Intambama enhle!

God morgen!

Sawubona!

God nat!

Ulale kahle!

farvel

bye bye

retning

isiqondiso

bagage

izikhwama

taske

isikhwama

rygsæk

ubhakha

gæst

isivakashi

værelse

igumbi

sovepose

isikhwama sokulala

telt

ithende

turistinformation

iminingwane yamathoristi

strand

ulwandle

kreditkort

ikhadi lesikweletu

morgenmad

ukudla kwasekuseni

middagsmad

ukudla kwasemini

aftensmad

ukudla kwasebusuku

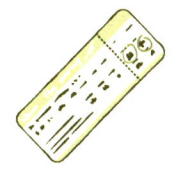

billet

ithikithi

elevator

i-lift

frimærke

isitembu

grænse

ibhoda

told

amasiko

ambassade

inxusa

visum

ivisa

pas

iphasiphothi

transport
izinto zokuhamba

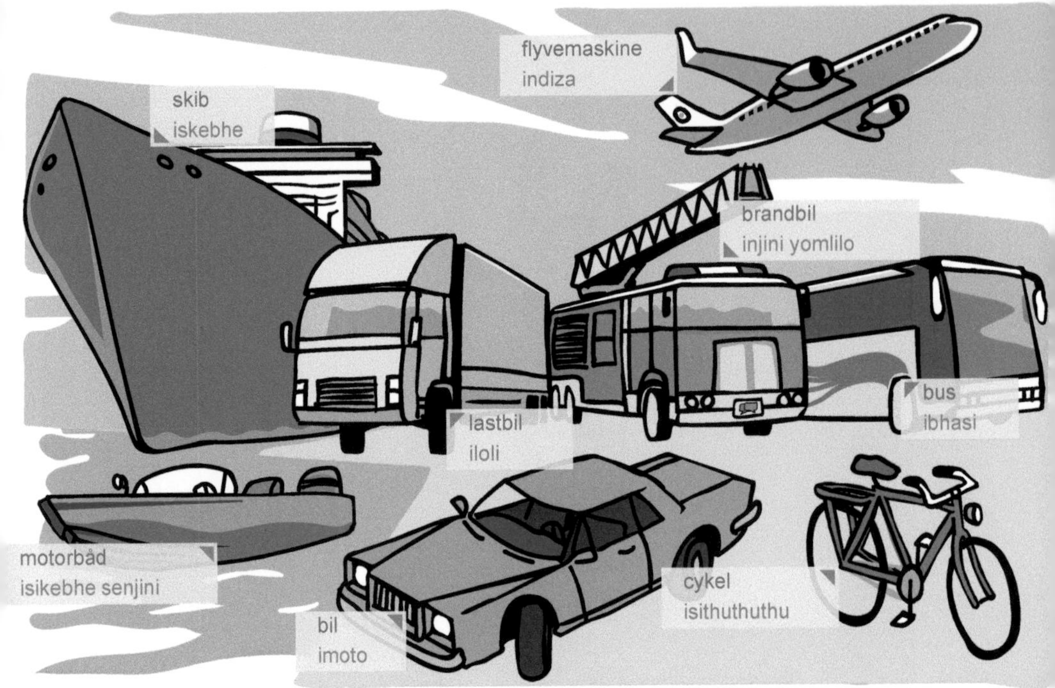

flyvemaskine
indiza

skib
iskebhe

brandbil
injini yomlilo

bus
ibhasi

lastbil
iloli

motorbåd
isikebhe senjini

cykel
isithuthuthu

bil
imoto

færge

isikebhe

båd

isikebhe

motorcykel

isithuthuthu

politibil

imoto yamaphoyisa

racerbil

imoto ejahayo

lejebil

imoto eqashiwe

samkørsel

ukurenta imoto

kranbil

iloli eliphukile

skraldebil

ithrakhi

motor

injini

benzin

amafutha

tankstation

indawo yokuthela uphethiloli

trafikskilt

uphawu lwethrafikhi

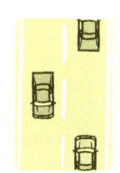

trafik

ithrafikhi

trafikprop

ithrafikhi enkulu

parkeringsplads

indawo yokupaka izimoto

banegard

isitashi sesitimela

skinner

amaloli

tog

isitimela

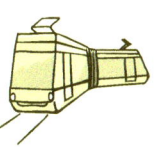

sporvogn

ithilamu

wagon

inqola

helikopter

ihelikhoptha

lufthavn

isikhungo sezindiza

tårn

umphongolo

passager

iphasenja

container

ikhonteyna

karton

ikhathoni

kærre

inqola

kurv

ubhasikidi

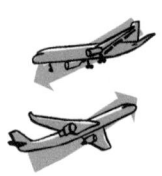

starte / lande

ukusuka / ukwehla

by
idolobha

landsby

isigodi

bymidte

i-city centre

hus

indlu

biograf
isinema

reklame
isikhangiso

gadelygte
ilambu lasemgwaqeni

CINEMA

gade
umgwaqo

taxi
itekisi

kiosk
isitolo esidayia izinto ezimnandi

fodgænger
umuntu ohamba nge

fortov
iphavmenti

fodgængerovergang
indawo yokuwela umgwaqo

skraldespand
umgqomo kadoti

kryds
indawo yokuwela umgwaqo

lyskurv
amarobhothi

hytte

indlu yodaka

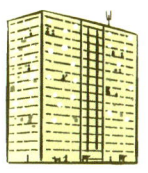

lejlighed

i-flat

banegård

isitashi sesitimela

rådhus

i-town hall

museum

imuzilemu

skole

isikole

universitet

inyuvesi

bank

ibhange

sygehus

isibhedlela

hotel

ihhotela

apotek

ikhemisi

kontor

i-ofisi

boghandel

isitolo sezincwadi

butik

esitolo

blomsterbutik

istolo sezimbali

supermarked

emakethe enkulu

marked

imakethe

stormagasin

isitolo somnyango

fiskehandler

i-fishmonger's

butikscenter

isikhungo sezitolo

havn

isikhungo semikhumbi

park

ipaki

bænk

ibhentshi

bro

ibhuloho

trappe

izitezi

undergrundsbane

ngaphansi komhlaba

tunnel

umhubhe

busstoppested

istobhu sebhasi

barnevogn

i-bar

restaurant

isitolo sokudlela

postkasse

eposini

vejskilt

uphawu lwasemgwaqeni

parkometer

umshini wokukhokhela
ukupaka

zoo

esiqiwini

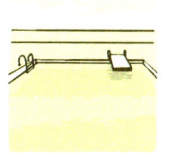

badeanstalt

indawo yokubhukuda

moske

i-mosque

bondegård
ifamu

miljøforurening
ukungcola

kirkegård
amagcwaba

kirke
isonto

legeplads
igrawundi lokudlala

tempel
ithempeli

landskab
ingadi

blad
icembe

vejviser
mpambano mgwaqo

vej
indlela

eng
idlelo

sten
itshe

træ
isihlahla

vandrer
umqwali wezintaba

flod
umfula

græs
utshani

blomst
imbali

dal

isigodi

bjerg

intaba

sø

ichibi

skov

ihlathi

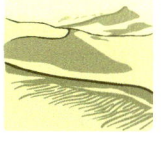

ørken

ogwadule

vulkan

intaba mlilo

slot

isigodlo

regnbue

uthingo

svamp

ikhowe

palme

isihlahla sesundu

moskito

umiyane

flue

ukundiza

myre

intuthwane

bi

inyosi

edderkop

isicabucabu

bille

ibhungane

frø

ixoxo

egern

i-squirrel

pindsvin

i-hedgehog

hare

unogwaja

ugle

isikhova

fugl

izinyoni

svane

idada

vildsvin

intibane

hjort

inyamazane

elg

i-moose

dæmning

idamu

vindmølle

i-wind turbine

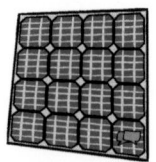

solcellemodul

i-solar panel

klima

isimo sezulu

restaurant
isitolo sokudlela

tjener
uweyita
spisekort
imenu
stol
isihlalo
suppe
isobho
pizza
i-pizza
borddug
indwangu yasetafuleni
bestik
ikhathilari

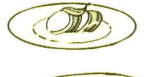

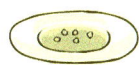

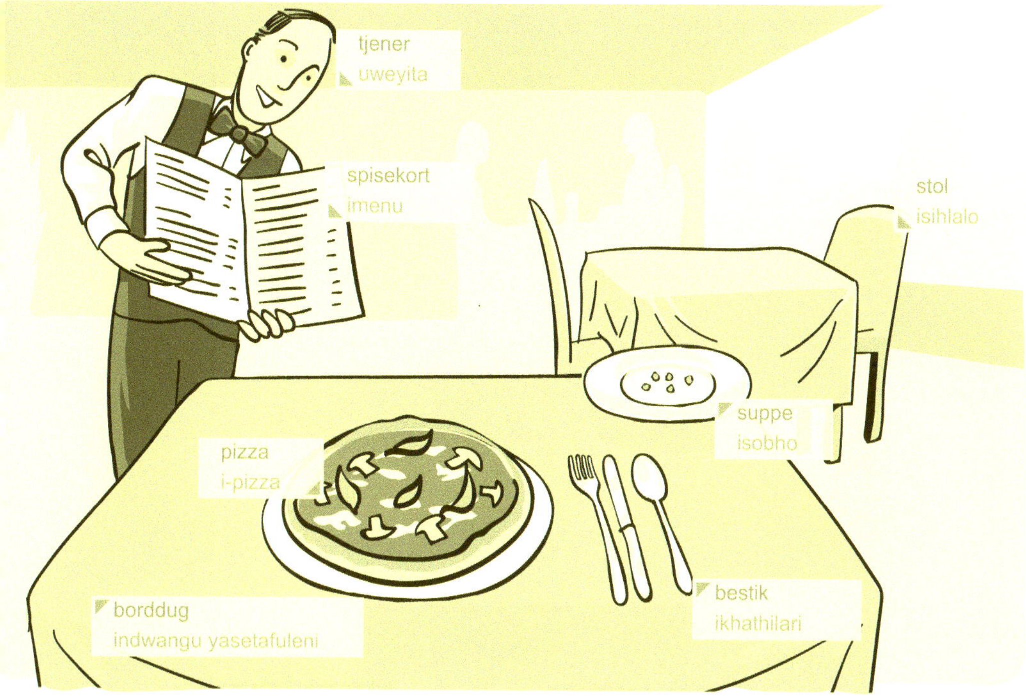

forret
ukudla okulula

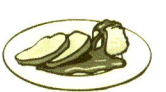

hovedret
isidlo

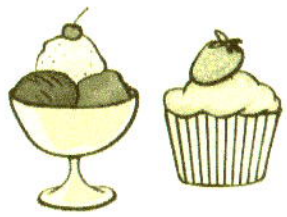

dessert
idizethi

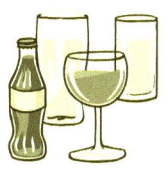

drikkevarer
iziphuzo

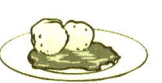

mad
ukudla

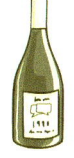

flaske
ibhodlela

fastfood

ukudla okulula

streetfood

ukudla okudayiswa emgwaqeni

tekande

ithiphothi

sukkerdåse

isitsha sikashukela

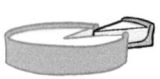

portion

ingxenye

espressomaskine

umshini we-ekspreso

barnestol

isitulo esiphezulu

faktura

izindleko

tablet

ithreyi

kniv

ummese

gaffel

imfologo

ske

ispuni

teske

ithispuni

serviet

indawo yokusula umlomo

glas

igilasi

restaurant - isitolo sokudlela

tallerken

ipuleti

dyb tallerken

ipuleti lesobho

underkop

isoso

sovs

isosi

saltbøsse

isitsha sasawoti

peberkværn

isitsha sephepha

eddike

uviniga

olie

amafutha

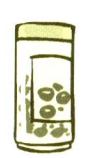

krydderier

izinongo

ketchup

isosi yetamatisi

sennep

isosi yesinaphi

mayonnaise

imayonesi

supermarked
emakethe enkulu

tilbud
amanani akhethekile
FOR
kunde
ikhasimende
mælkeprodukter
ukudla okwenziwe ngobisi
frugt
isithelo
indkøbsvogn
ithroli

BUTCHERS

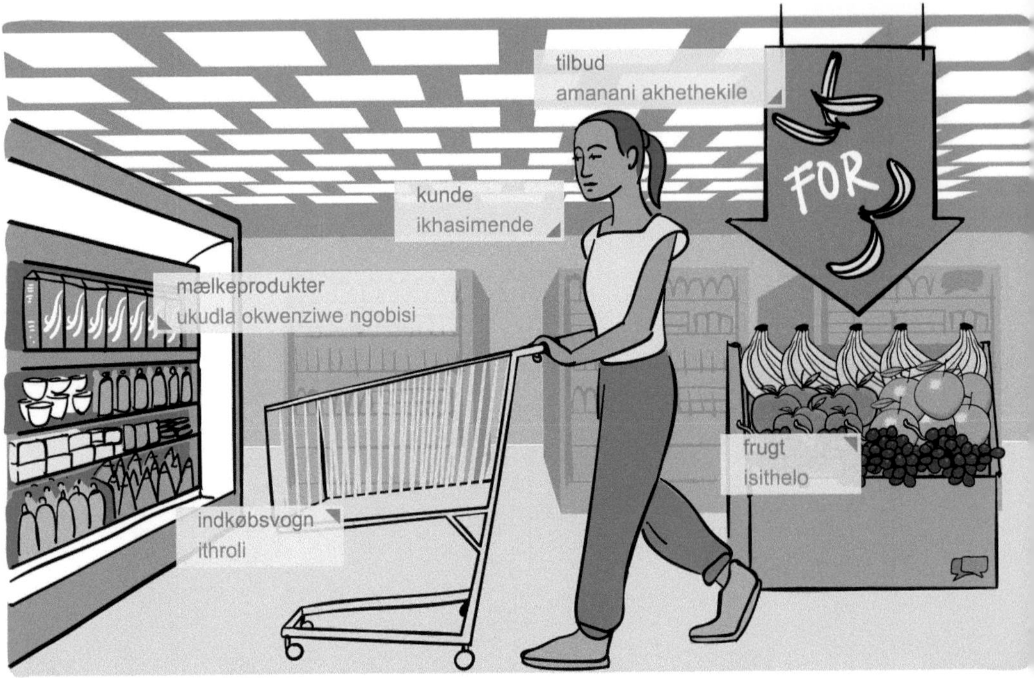

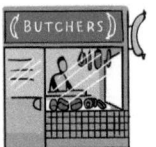

slagter

ebhusha

BAKERY

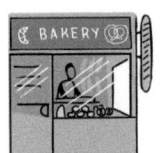

bageri

isitolo esidayisa isinkwa

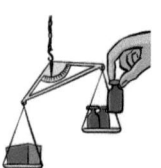

veje

kala

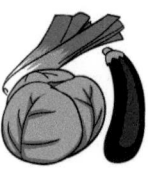

grøntsager

amaveji

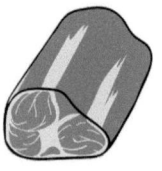

kød

inyama

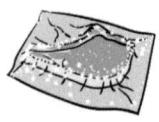

frostvarer

ukudla okubandayo

palæg

inyama ebandayo

konserves

ukudla okusethinini

vaskemiddel

insipho yokuwasha enguphawuda

slik

oswidi

husholdningsvarer

izinto zasendlini

rengøringsmidler

izinto zokuhlanza

ekspedient

umuntu odayisayo

kasse

ithili

kasserer

umbali wemali

indkøbsliste

zinto okumelwe zithengwe

abningstider

amahora okuvula

tegnebog

uwolethi

kreditkort

ikhadi lesikweletu

taske

isikhwama

plasticpose

isikwama sepulastiki

vand

amanzi

saft

ijusi

mælk

ubisi

cola

i-coke

vin

iwayini

øl

ubhiya

alkohol

utshwala

kakao

i-cocoa

te

itiye

kaffe

ikhofi

espresso

i-ekspreso

cappuccino

ikhaphachino

banan

ubhanana

æble

i-apula

appelsin

i-olintshi

melon

ikhabe

citron

ulamula

gulerod

ukherothi

hvidløg

ugaligi

bambus

umhlanga

løg

u-anyanisi

svamp

ikhowe

nødder

amakinati

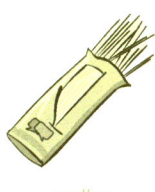

nudler

ama-noodle

spaghetti

isipagethi

ris

iraysi

salat

isaladi

pomfritter

ama-chips

stegte kartofler

amazambane athosiwe

pizza

i-pizza

hamburger

ibhega

sandwich

isendiwichi

schnitzel

inyama engenathambo

skinke

ham

salami

salami

pølse

isoseji

kylling

inkukhu

steg

yosiwe

fisk

inhlanzi

havregryn

iphalishi le-oats

mysli

i-muesli

cornflakes

ama-cornflakes

mel

uflulawa

croissant

i-croissant

rundstykke

isinkwa esiyiroli

brød

isinkwa

toast

i-toast

kiks

amabhiskidi

smør

ibhotela

kvark

i-curd

kage

ikhekhe

æg

iqanda

spejlæg

iqanda elithosiwe

ost

ushizi

is

i-ice cream

sukker

ushukela

honning

uju

marmelade

ujamu

nougat-creme

ispredi sikashokholedi

karry

isitshulu

bondehus
indlu yasemafamu

skur
i-barn

halmballer
utshani obomile

mark
igceke

hest
ihhashi

anhænger
i-trailer

føl
i-foal

traktor
ugandaganda

æsel
imbongolo

lam
imvu esencane

får
imvu

ged
imbuzi

ko
inkomo

kalv
ithole

svin
ingulube

gris
ingulube esencane

tyr
inkunzi

gås

ihansi

and

idada

kylling

ichwane

høne

isikhukhukazi

hane

iqhude

rotte

igundwane

kat

ikati

mus

igundwane

okse

inkabi

hund

inja

hundehus

indlu yenja

haveslange

ipayipi lokunisela

vandkande

ikani lokunisela

le

ucelemba

plov

igeja

segl

isikela

hakkejern

ukhuba

møggreb

imfoloko

økse

imbazo

trillebør

ibhala

trug

umkhombe

mælkekande

ubusi olusekanini

sæk

isaka

hæk

ifensi

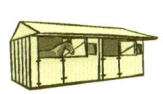

stald

esitebhilini

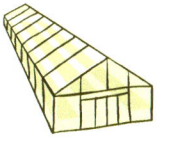

drivhus

i-greenhouse

jord

inhlabathi

frø

imbewu

gødning

umanyolo

mejetærsker

ukuvuna okuhlanganisiwe

høste

vuna

høst

isivuno

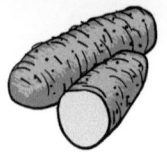

yams

ama-yam

hvede

ukolweni

soja

umbhontshisi

kartoffel

amazambane

majs

ummbila

raps

i-rapeseed

frugttræ

isihlahla sezithelo

maniok

umdumbula

korn

amasiriyeli

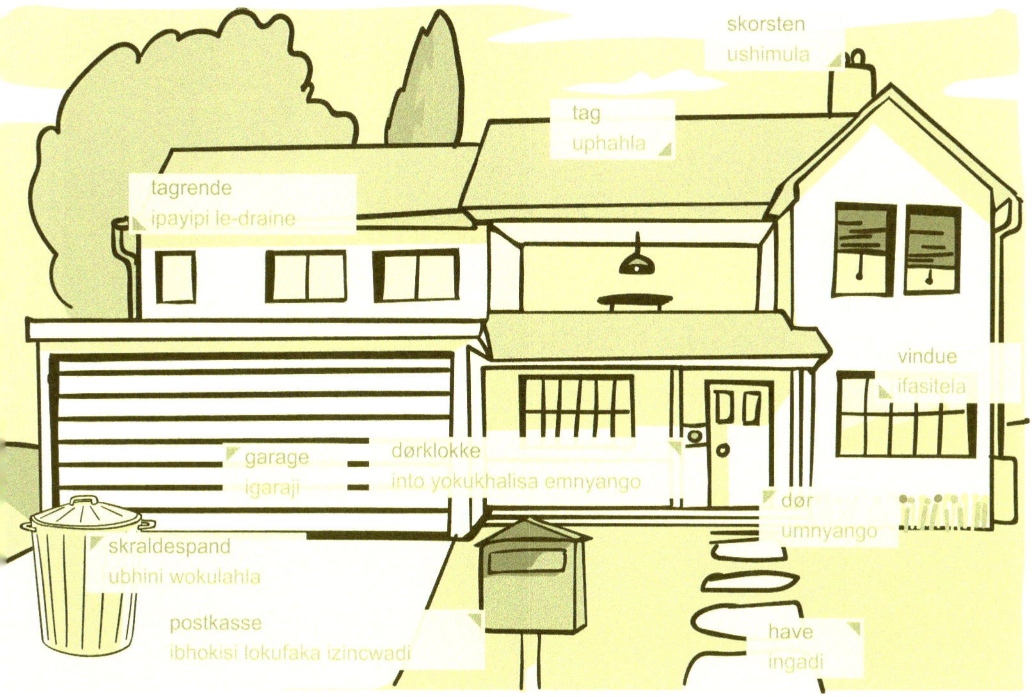

skorsten
ushimula

tag
uphahla

tagrende
ipayipi le-draine

vindue
ifasitela

garage
igaraji

dørklokke
into yokukhalisa emnyango

dør
umnyango

skraldespand
ubhini wokulahla

postkasse
ibhokisi lokufaka izincwadi

have
ingadi

stue

igumbi lokuhlala

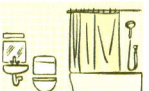

badeværelse

igumbi lokugeza

køkken

ikhishi

soveværelse

igumbi lokulala

børneværelse

igumbi lezingane

spisestue

igumbi lokudlela

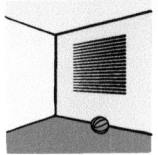

gulv

phansi

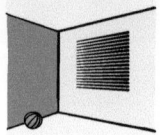

væg

udonga

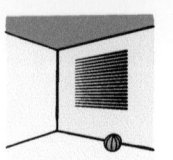

loft

usilingi

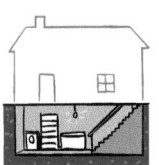

kælder

i-cella

sauna

i-sauna

altan

ibhalconi

terrasse

i-terrace

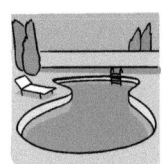

svømmehal

iphuli

plæneklipper

umshin wokugunda utshani

dynebetræk

ishidi

dyne

ingubo yokulala

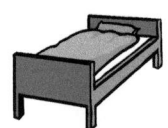

seng

umbhede

kost

umshanelo

spand

ibhakede

kontakt

i-switch

stue
igumbi lokuhlala

tapet
i-wallpaper
billede
isithombe
lampe
ilambu
reol
ishalofu
skab
ibhodi lenkomishi
fjernsyn
umabonakude
pejs
indawo yomlilo
blomst
imbali
pude
ikhushini
sofa
usofa
vase
ivasi
fjernbetjening
i-remote control

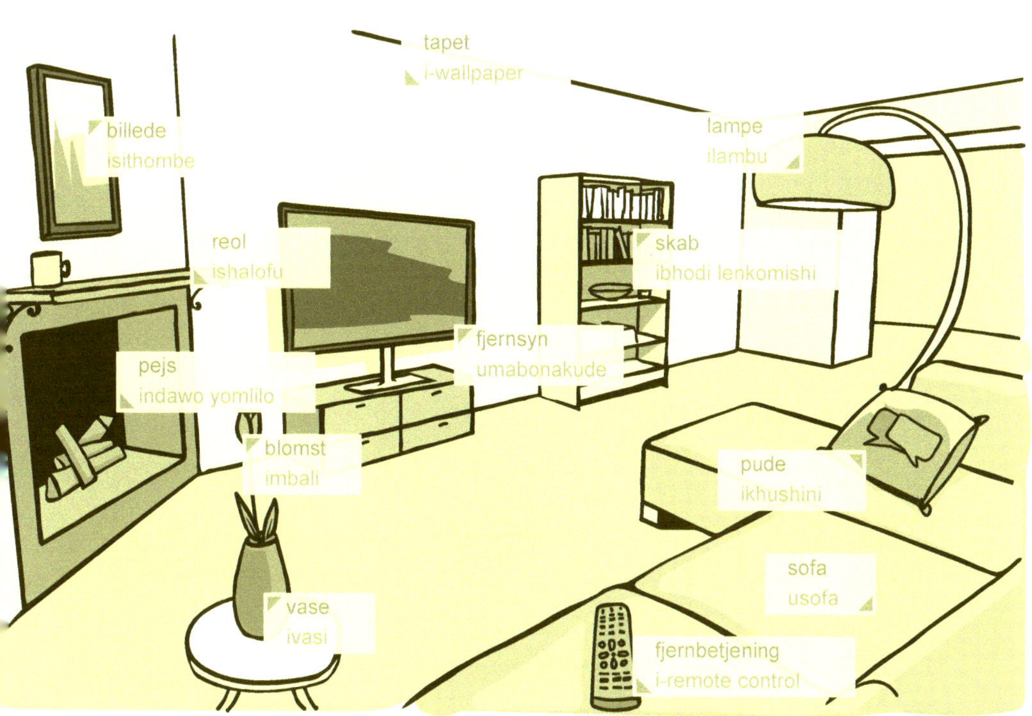

gulvtæppe
ukhaphethe

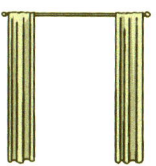

gardin
ikhethini

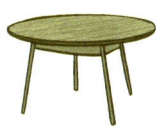

bord
itafula

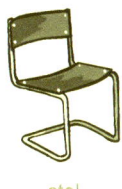

stol
isihlalo

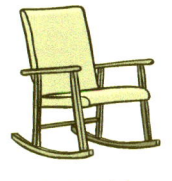

gyngestol
isihlalo esinyakazayo

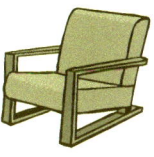

lænestol
isihlalo esingangengalo

bog
incwadi

tæppe
ingubo

dekoration
ukuhlobisa

brænde
izinkuni zokubasa

film
ifilimu

stereoanlæg
izinto ze-hi-fi

nøgle
ukhiye

avis
iphephandaba

maleri
ukupenda

plakat
iphosta

radio
umsakazo

notesblok
i-notepad

støvsuger
ihuva

kaktus
i-cactus

lys
ikhandlela

køkken
ikhishi

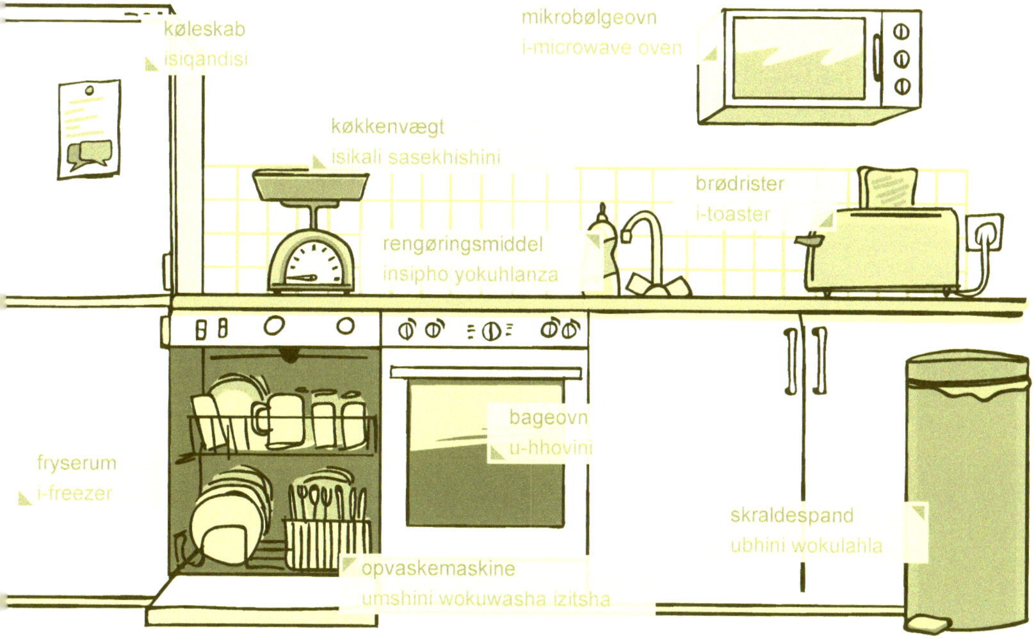

køleskab
isiqandisi
mikrobølgeovn
i-microwave oven
køkkenvægt
isikali sasekhishini
brødrister
i-toaster
rengøringsmiddel
insipho yokuhlanza
bageovn
u-hhovini
fryserum
i-freezer
skraldespand
ubhini wokulahla
opvaskemaskine
umshini wokuwasha izitsha

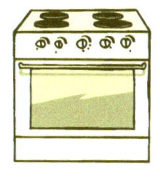

komfur

umshini wokupheka

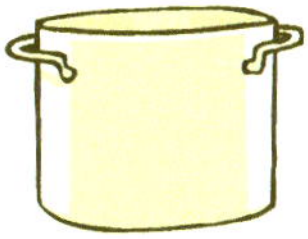
gryde

ibhodwe

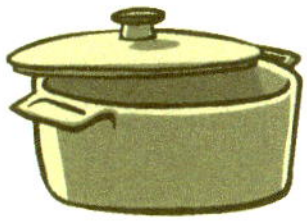
jerngryde

ibhodwe le-cast iron

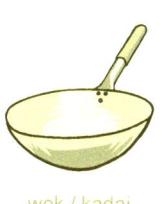

wok / kadai

i-wok / kadai

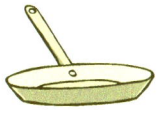

pande

ipani

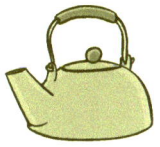

elkedel

iketela

dampkoger

i-steamer

bageplade

ithreyi lokubhaka

service

izitsha zokudla

bæger

imaki

skål

isitsha

spisepinde

izinti zendwangu

øseske

isixembe sokuphaka

paletkniv

ispathula

piskeris

i-whisk

dørslag

i-strainer

si

isisefo

rive

igretha

morter

isitsha sodaka

grille

i-barbecue

ildsted

umlilo

skærebræt

ibhodi lokuqoba

kagerulle

ipini lokurola

proptrækker

iskrew

dåse

ikani

dåseåbner

into yokuvula ikani

grydelap

indwangu yokubamba
ibhodwe

køkkenvask

usinki

børste

i-brush

svamp

isiponji

blender

ibhlenda

dybfryser

i-deep freezer

sutteflaske

ibhodlela lengane

vandhane

umpompi

badeværelse

igumbi lokugeza

radiator
isifudumezo
brusebad
ishawa
håndklæde
ithawula
bruserforhæng
ikhethini leshawa
skumbad
insipho yokugeza eyenza amagwebu
badekar
ubhavu
glas
igilasi
vaskemaskine
umshini wokuwasha
vandhane
umpompi
fliser
amathayizi
tissepotte
ithoyilethi lezingane
køkkenvask
usinki

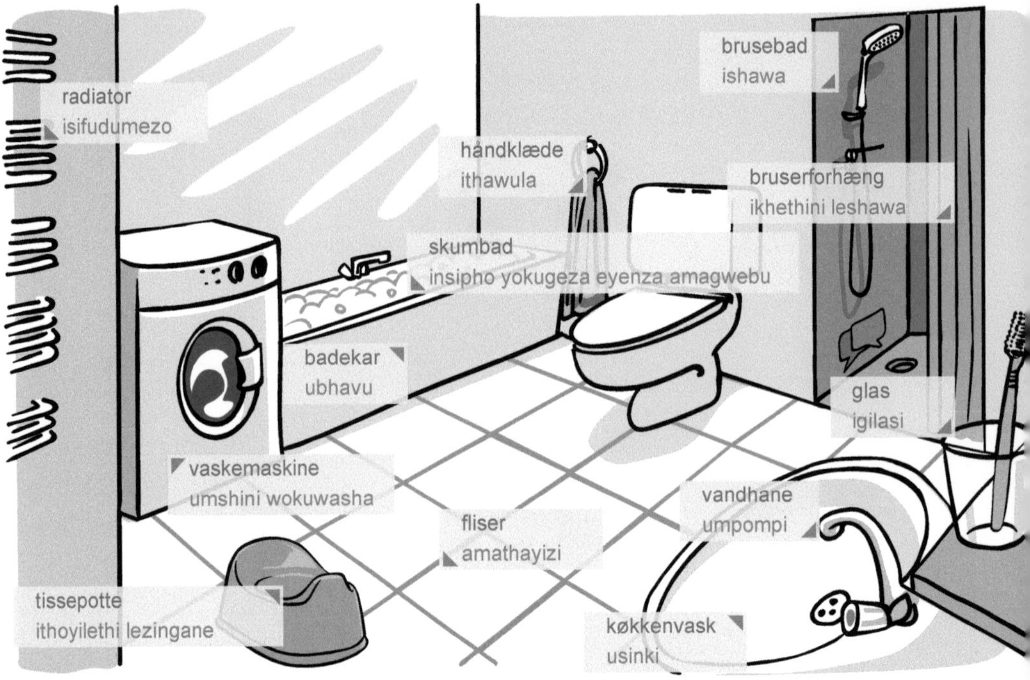

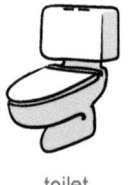

toilet

ithoyilethi

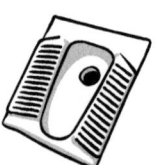

hugsiddende toilet

ithoyilethi oqoshama kuyo

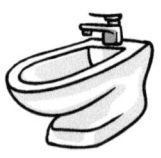

bidet

ithoyilethi le-bidet

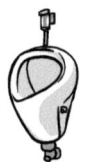

pissoir

ithoyilethi lokuchama labesilisa

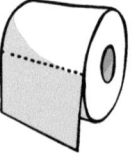

toiletpapir

iphepha lasethoyilethi

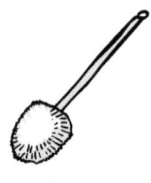

toiletbørste

ibhrashi lasethoyilethi

tandbørste

ibhrashi lamazinyo

tandpasta

insipho yamazinyo

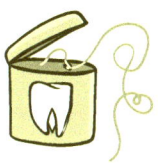

tandtrad

into yokuvungula

vaske

washa

håndbruser

ishawa ebanjwa ngesandla

intimbruser

uchatho

vaskefad

u-basini

badebørste

ibrashi lomhlane

sæbe

insipho

brusegele

ijeli yeshawa

shampoo

ishampu

vaskeklud

ishethi lesikoshi

afløb

i-drain

creme

ukhilimu

deodorant

into yokugcoba amakhwapha

spejl

isibuko

kosmetikspejl

isibuko esiphathwa
ngesandla

barberhøvl

ireyza

barberskum

igwebu lokushefa

barbervand

umuthi ogcotshwa ngemva
kokushefa

kam

ikama

børste

ibhrashi

hårtørrer

into yokomisa izinwele

hårspray

ispreyi sezinwele

makeup

i-makeup

læbestift

into yokugcoba umlomo

neglelak

into yokususa upende
wezinzipho

vat

uwuli kakotini

neglesaks

isikelo sezinzipho

parfume

isigqolo

toilettaske

isikhwama sezinto
zokugeza

skammel

isitulo

vægt

isikali

badekåbe

ingubo yokugeza

gummihandsker

amagilavu erabha

tampon

ithemponi

damebind

iphedi yasesikhathini

kemisk toilet

ithoyilethi lekhemikhali

børneværelse
igumbi lezingane

vækkeur
i-alamu yewashi elichonywayo
bamse
ithoyizi lokudlala
legetøjsbil
imoto eyithoyizi
skralde
i-rattle
dukkehus
indlu kanodoli
gave
isiphongo

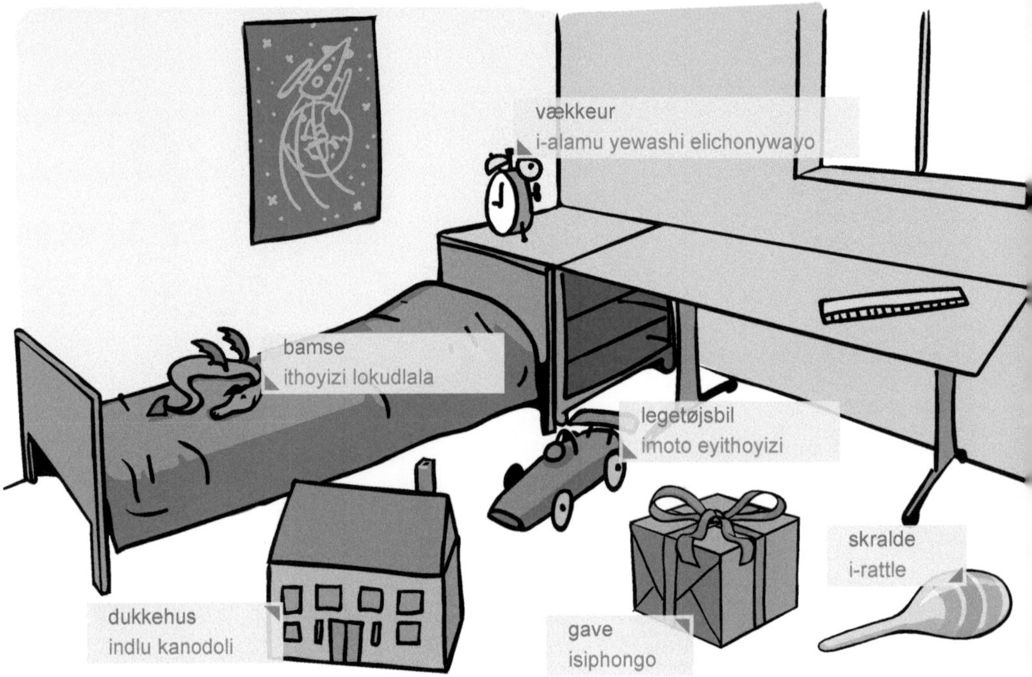

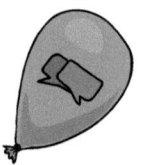

ballon

ibhaluni

seng

umbhede

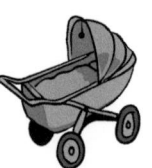

barnevogn

iphremu

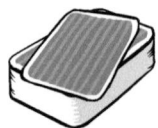

kortspil

amakhadi

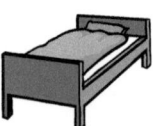

puslespil

i-jigsaw

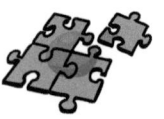

tegneserie

indaba edwetshiwe

legoklodser

amabrick elego

byggeklodser

amabhuloksi okwakha

action figur

unodoli weqhawe

sparkedragt

izimpahla zezingane

frisbee

i-frisbee

uro

amathoyizi ezingane
alengayo

brætspil

ibhodi lokudlala igemu

terning

idayisi

modeljernbane

isethi yesitimela

sut

idemu

fest

iphathi

billedbog

incwadi yezithombe

bold

ibhola

dukke

unodoli

lege

dlala

sandkasse

umgodi wenhlabathi

gynge

uzwinki

legetøj

amathoyizi

spillekonsol

umshini wamavidiyo geymu

trehjulet cykel

ibhayisikili elinemasondo
amathathu

bamse

uthedibhe

klædeskab

u-wardrobe

tøj

izimpahla

sokker

amasokisi

strømper

amastokhingi

strømpebukser

amathayithi

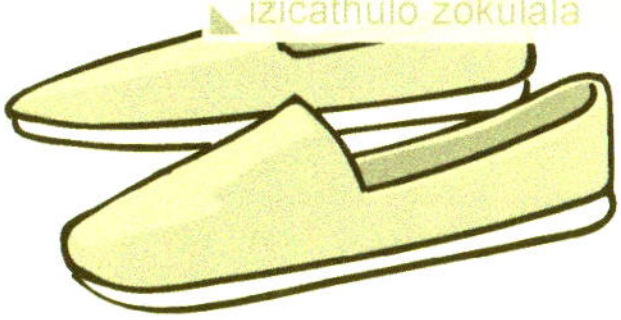

sjal
isikhafu

paraply
i-amburela

T-shirt
ishethi

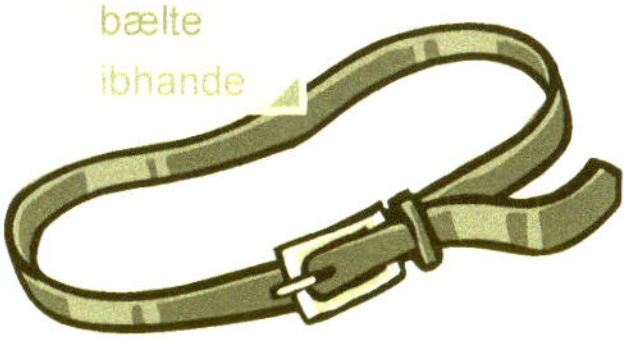

bælte
ibhande

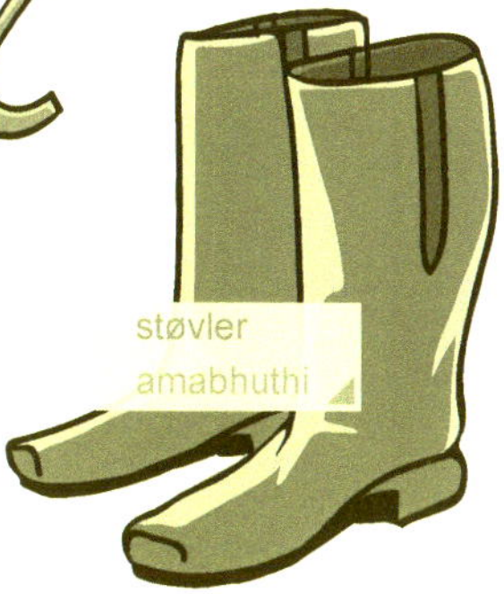

støvler
amabhuthi

hjemmesko
izicathulo zokulala

sneakers
abaqeqeshi

sandaler

amasandali

sko

izicathulo

gummistøvler

amabhuthi erabha

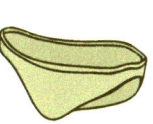

underbukser

iphenti

BH

u-bra

undertrøje

ivesti

body
....
umzimba

bukser
....
amabhulukwe

jeans
....
amajini

nederdel
....
isiketi

bluse
....
isikibha

skjorte
....
ishethi

pullover
....
ijezi elinezigqoko

sweatshirt
....
i-hoodie

blazer
....
ibhuleyiza

jakke
....
ijakhethi

frakke
....
ijazi

regnfrakke
....
i-raincoat

kostume
....
ikhosyumu

kjole
....
ingubo

brudekjole
....
ingubo yomshado

tøj - izimpahla

jakkesæt

isudu

nattrøje

ingubo yokulala

pyjamas

amaphijama

sari

ingubo yesari

hovedtørklæde

isikhafu

turban

isigqoko se-turban

burka

ibhukha

kaftan

ingubo yekaftani

abaya

abaya

badedragt

impahla yokubhukuda

badebukser

amathranki

korte bukser

isikhindi

træningsdragt

i-tracksuit

forklæde

ingubo yokupheka

handsker

amagilavu

knap

ibhathini

briller

izibuko

armbånd

ibhengela

kæde

umgexo

ring

indandatho

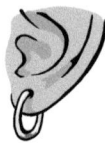

ørering

amacici

hue

ikepisi

bøjle

into yokuhenga ijazi

hat

isigqoko

slips

uthayi

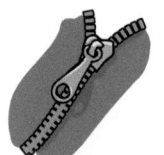

lynlås

uziphu

hjelm

ihelmethi

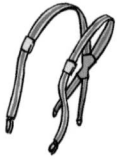

seler

ama-braces

skoleuniform

iyunifomu yesikole

uniform

iyunifomu

hagesmæk

ibhayi lengane

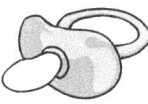

sut

idamu

ble

inabukeni

kontor

i-ofisi

server
iseva

arkivskab
ikhabethe lamafavela

printer
umshin wokuphrinta

skærm
imonitha

papir
iphepha

mus
imawusi

skrivebord
ideski

mappe
ifolda

tastatur
ikhibhodi

apirkurv
haskidi yokulahla amaphepha

stol
isihlalo

computer
ikhompyutha

kaffekrus

imagi yekhofi

lommeregner

ikhalkhuletha

internet

i-inthanethi

bærbar

ilephuthophu

brev

incwadi

besked

umyalezo

mobil

ifoni

netværk

inethiwekhi

kopimaskine

ifothokhophi

software

i-software

telefon

ucingo

stikdåse

indawo yokupulaka

fax

umshini wokufeksa

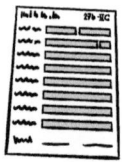

formular

ifomu

dokument

idokhumenti

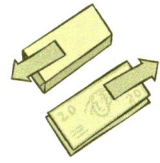

købe

thenga

betale

khokha

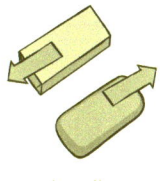

handle

shintshana

penge

imali

USD

dollar

idola

EUR

euro

i-euro

JPY

yen

iyen

RUB

rubel

i-rouble

CHF

schweizerfranc

iSwiss franc

CNY

renminbi yuan

i-renminbi yuan

INR

rupee

i-rupee

hæveautomat

umshini wokukhipha imali

vekselkontor

i-bureau de change

guld

igolide

sølv

isiliva

olie

amafutha

energi

amandla

pris

inani lemali

kontrakt

ukuxhumana

skat

intela

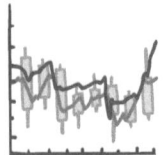

aktie

isitokwe

arbejde

sebenza

ansat

isisebenzi

arbejdsgiver

umqashi

fabrik

ifekthri

butik

esitolo

erhverv
imisebenzi

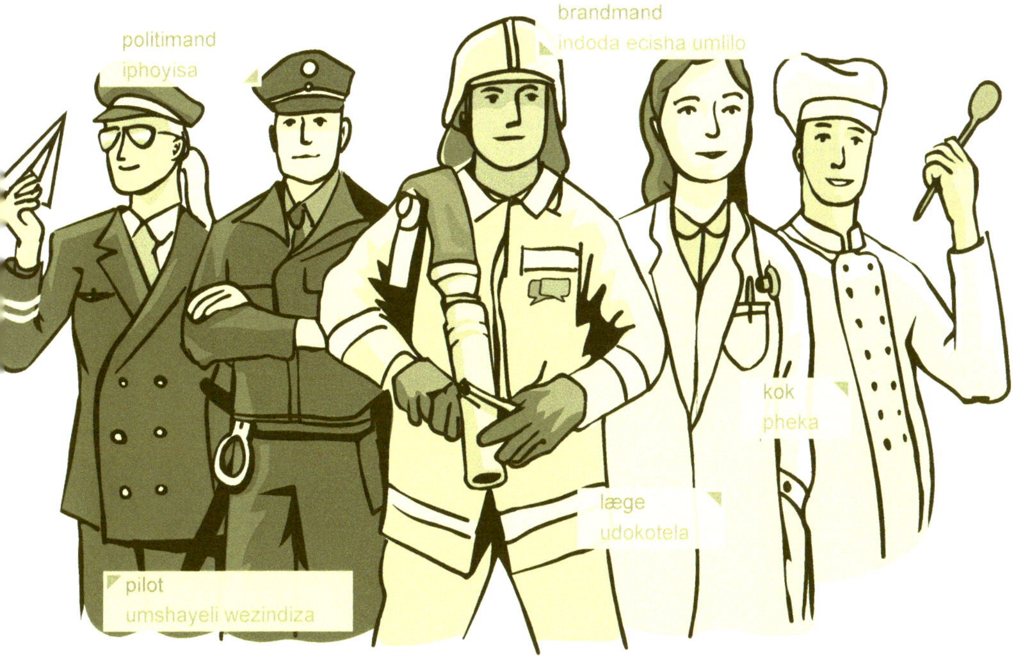
politimand
iphoyisa
brandmand
indoda ecisha umlilo
kok
pheka
læge
udokotela
pilot
umshayeli wezindiza

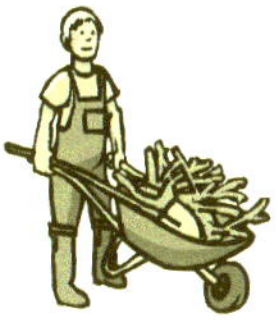

gartner
umuntu onakekela ingadi

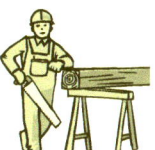

tømrer
umbazi

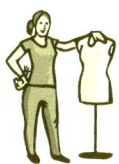

syerske
umthungi

dommer
ijaji

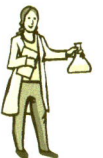

kemiker
umuntu osebenza ekhemisi

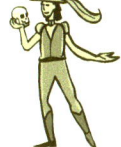

skuespiller
umlingisi

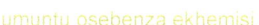

buschauffør

umshayeli webhasi

taxachauffør

umshayeli wetekisi

fisker

indoda edoba izinhlanzi

rengøringskone

owesifazane ohlanzayo

tagdækker

umuntu olungisa uphahla

tjener

uweyita

jæger

umzingeli

maler

umuntu opendayo

bager

umbhaki

elektriker

umuntu osebenza ngogesi

bygningsarbejder

umakhi

ingeniør

unjiniyela

slagter

indawo edayisa inyama

vvs-mand

umuntu osebenza
ngamapayipi

postbud

indoda yaseposini

soldat

isosha

arkitekt

umdwebi wezakhiwo

kasserer

umbali wemali

blomsterhandler

umuntu otshala izimbali

frisør

umuntu owenza izinwele

togfører

umqondisi wasesitimeleni

mekaniker

umakhenikha

kaptajn

ukaputeni

tandlæge

udokotela wamazinyo

videnskabsmand

usosayensi

rabbiner

urabi

imam

imam

munk

indela

præst

umfundisi

værktøj
amathuluzi

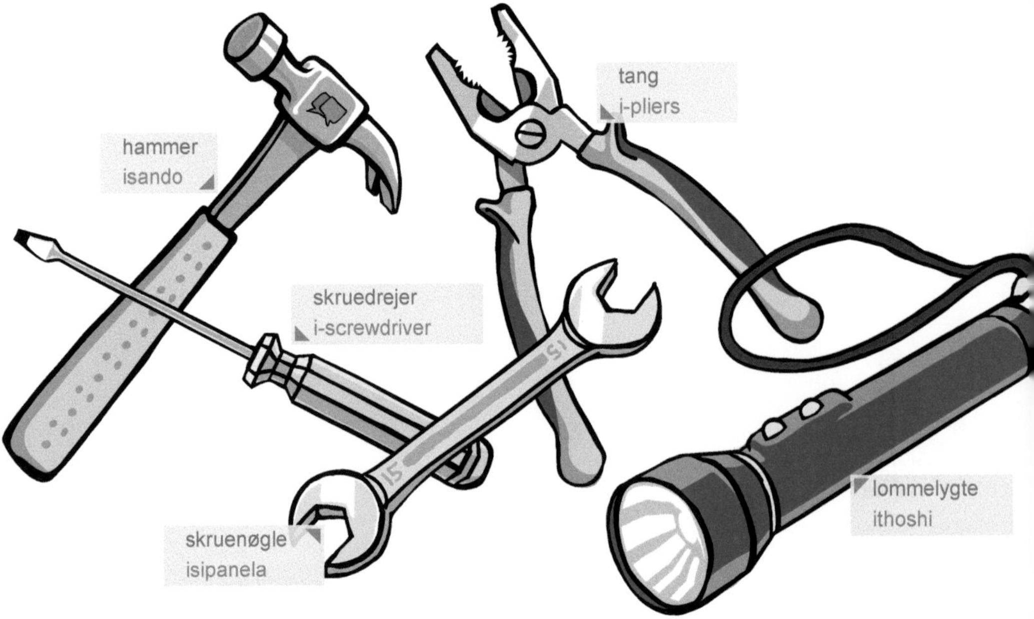
hammer
isando
tang
i-pliers
skruedrejer
i-screwdriver
lommelygte
ithoshi
skruenøgle
isipanela

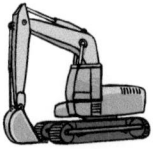

gravemaskine

umshini wokumba

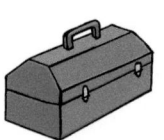

værktøjskasse

ibhokisi lamathuluzi

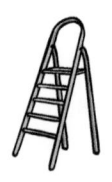

stige

isitebhisi

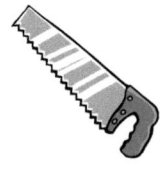

sav

isaha

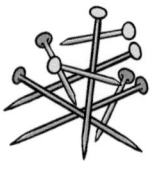

søm

izinzipho

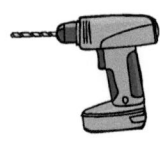

bor

i-drill

reparere

lungisa

skovl

ifosholo

Lort!

Damethi!

fejebakke

idastipheni

malerspand

ithini likapende

skruer

i-screws

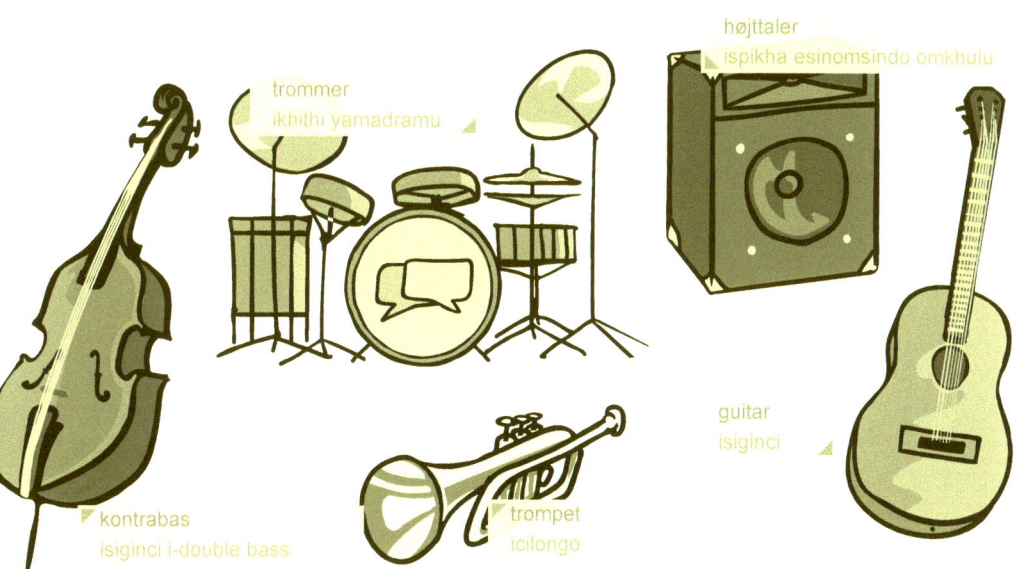

høyttaler
ispikha esinomsindo omkhulu

trommer
ikhithi yamadramu

guitar
isiginci

kontrabas
isiginci i-double bass

trompet
icilongo

klaver

ipiyano

violin

ivayolini

bas

i-bass

pauke

ithimpani

tromme

amadramu

keyboard

i-keyboard

saxofon

i-saxophone

fløjte

umtshingo

mikrofon

imakhrofoni

zoo
esiqiwini

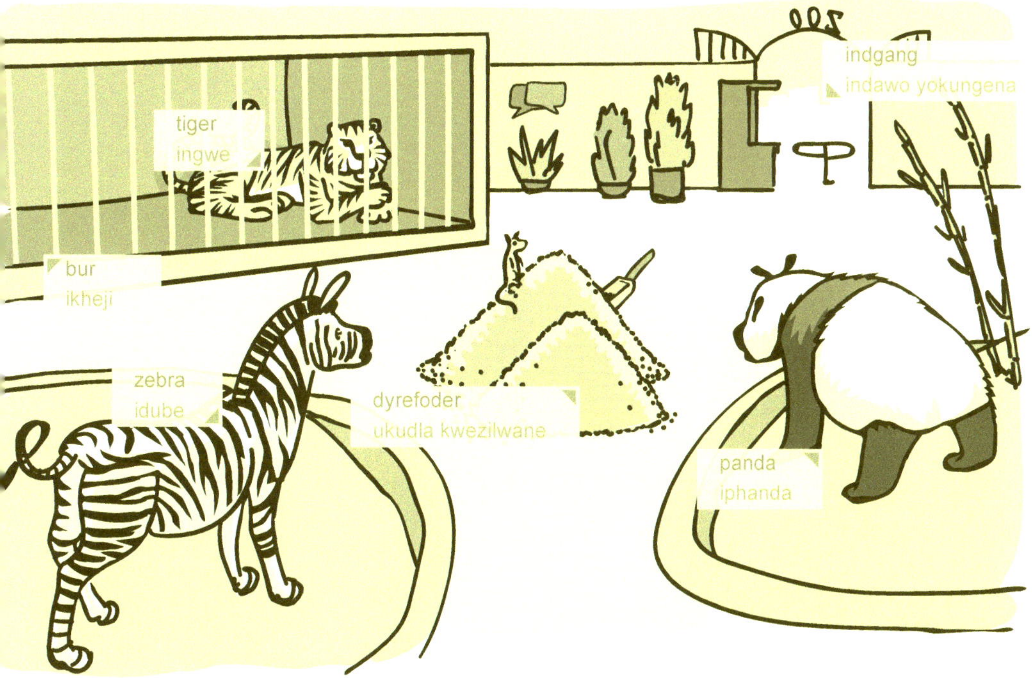
indgang
indawo yokungena
tiger
ingwe
bur
ikheji
zebra
idube
dyrefoder
ukudla kwezilwane
panda
iphanda

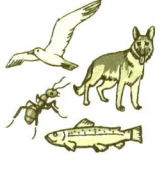

dyr

izilwane

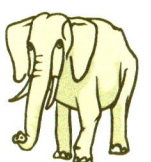

elefant

indlovu

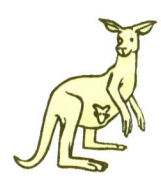

kænguru

ikhangaru

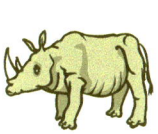

næsehorn

ubhejane

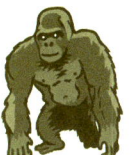

gorilla

igorila

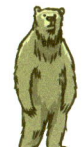

bjørn

ibhele

kamel

ikamela

struds

intshe

løve

ingonyama

abe

inkawu

flamingo

i-flamingo

papegøje

upholi

isbjørn

ibhele laseqhweni

pingvin

iphenguwini

haj

ushaka

påfugl

ipigogo

slange

inyoka

krokodille

ingwenya

dyrepasser

umgcini wezilwane

sæl

isilwane saseqhweni

jaguar

ijaguwa

pony

iponi

leopard

ingwe

flodhest

imvubu

giraf

indlulamithi

ørn

ukhozi

vildsvin

intibane

fisk

inhlanzi

skildpadde

ufudu

hvalros

i-walrus

ræv

ujakalase

gazelle

inyamazane igazele

amerikansk football
ibhola lezinyawo laseMelika

cykling
umdlali webhayisikili

tennis
ithenisi

basketball
ibhola lomnqankiswano

svømning
ukubhukuda

ishockey
i-ice hockey

boksning
isibhakela

fodbold	badminton	atletik
ibhola lezinyawo	i-badminton	abasubathi

håndbold	skiløb	polo
ibhola lezandla	ukushushuluza	ipolo

aktiviteter
imisebenzi

springe
gxuma
give et knus
haga
grine
hleka
gå
hamba
synge
cula
drømme
phupha
bede
thandaza
kysse
cabuza

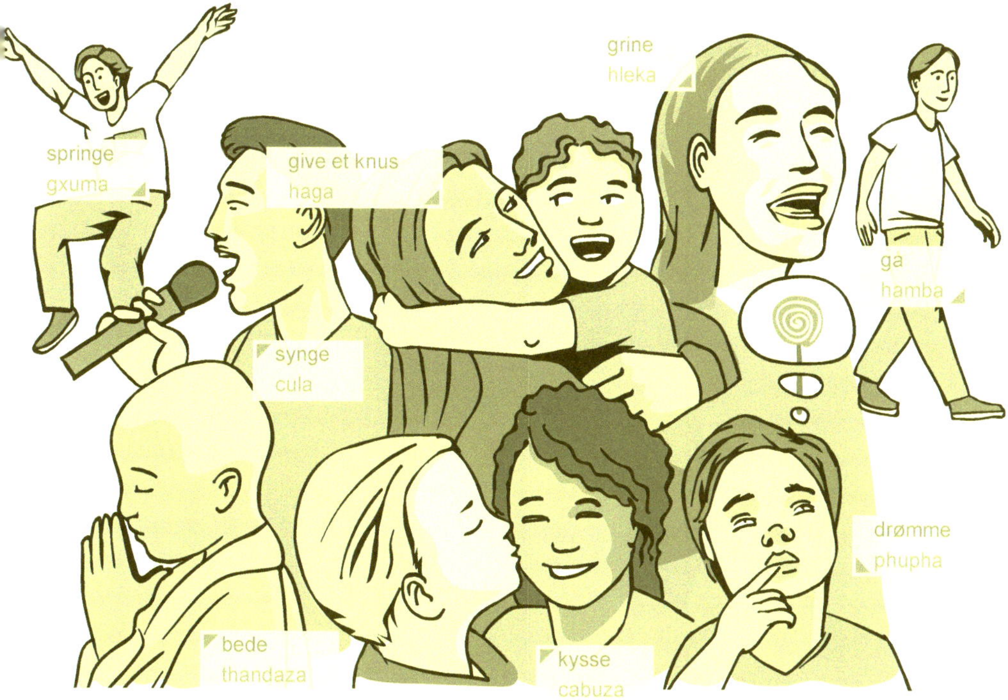

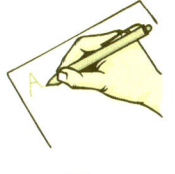

skrive

bhala

tegne

dweba

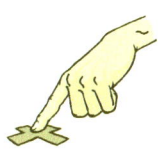

vise

bonisa

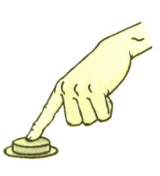

skubbe

phusha

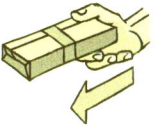

give

nikeza

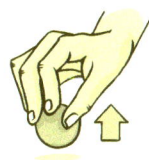

tage

thatha

have

yiba

gøre

yenza

være

yiba

stå

sukuma

løbe

gijima

trække

donsa

kaste

phonsa

falde

yiwa

ligge

amanga

vente

linda

bære

thwala

sidde

hlala

tage på

gqoka

sove

lala

vågne

vuka

se på

bukela

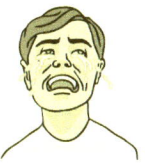

græde

khala

ae

qhweba

kæmme

kama

tale

khuluma

forstå

qonda

spørge

buza

høre

lalela

drikke

phuza

spise

idla

rydde op

coca

elske

thanda

koge

pheka

køre

shayela

flyve

ndiza

sejle

hamba ngomkhumbi

regne

bala

læse

funda

lære

funda

arbejde

sebenza

gifte sig med

shada

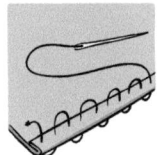

sy

thunga

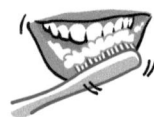

børste tænder

geza amazinyo

dræbe

bulala

ryge

bhema

sende

thumela

familie
umndeni

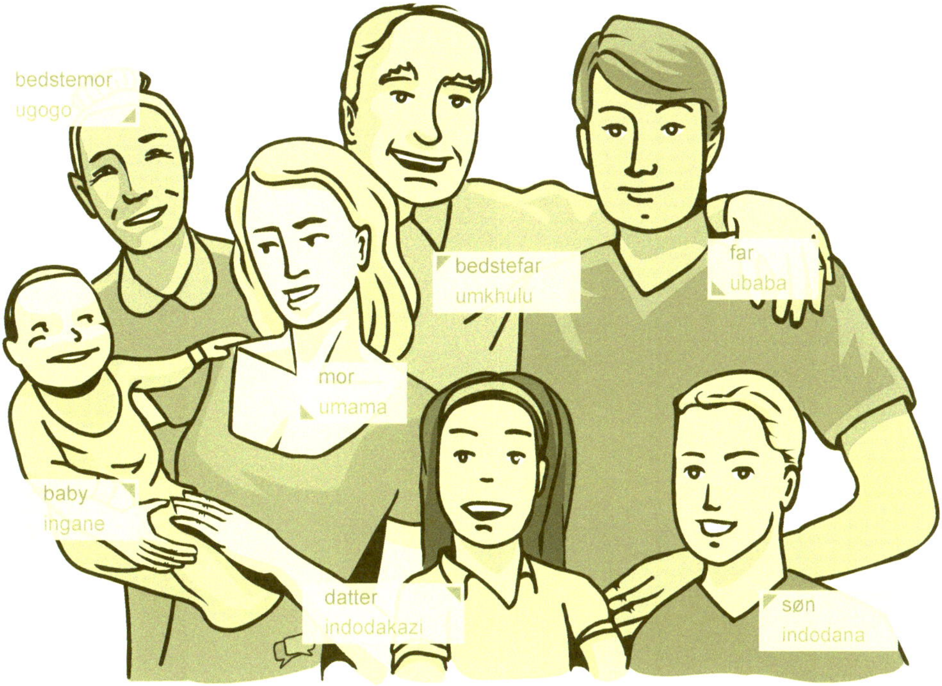
bedstemor
ugogo
bedstefar
umkhulu
far
ubaba
mor
umama
baby
ingane
datter
indodakazi
søn
indodana

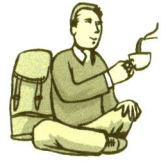

gæst

isivakashi

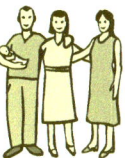

tante

u-anti

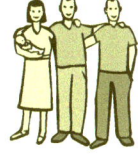

onkel

umalume

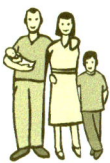

bror

umfowethu

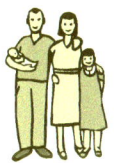

søster

udadewethu

krop
umzimba

pande
isiphongo
øje
amehlo
skulder
ihlombe
finger
umunwe
ansigt
ubuso
hage
isilevu
hånd
isandla
ben
umlenze
bryst
amabele
arm
ingalo

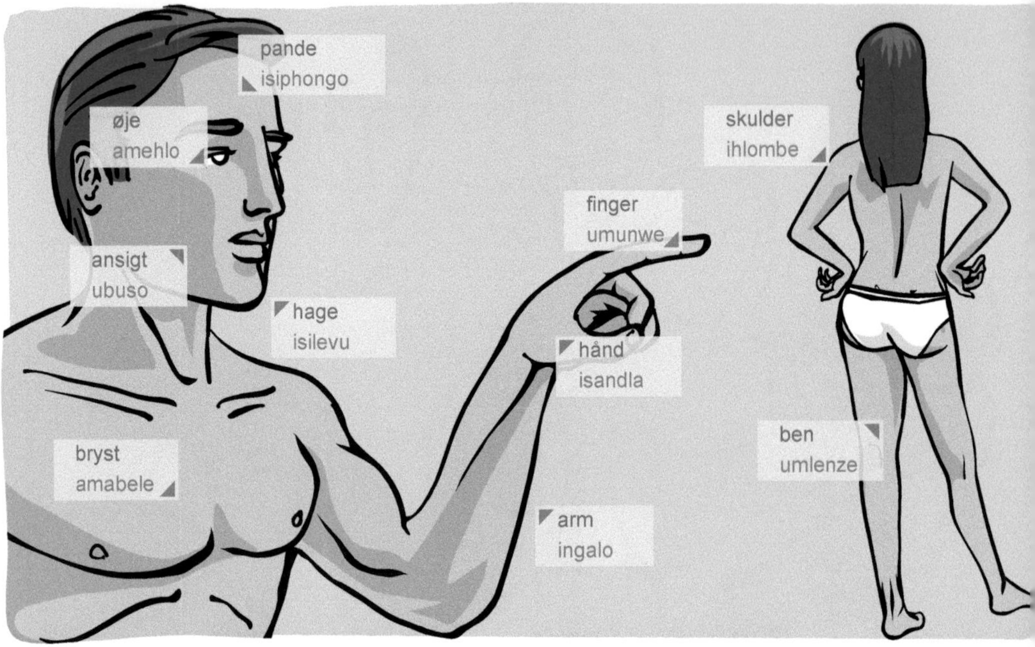

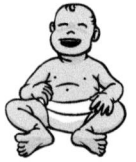

baby
ingane

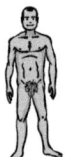

mand
indoda

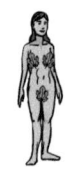

kvinde
owesifazane

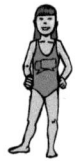

pige
intombazane

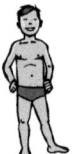

dreng
umfana

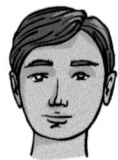

hoved
ikhanda

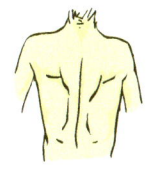

ryg

umhlane

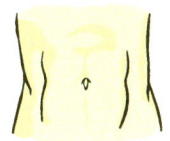

mave

isisu

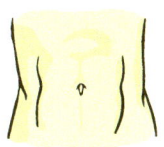

navle

inkaba

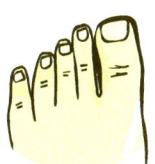

ta

izinzwane

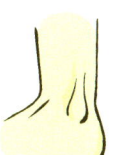

hæl

isithende

knogle

ithambo

hofte

inqulu

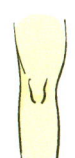

knæ

idolo

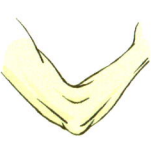

albue

indololwane

næse

ikhala

bagdel

ingenzansi

hud

isikhumba

kind

iziqhomo

øre

indlebe

læbe

udebe

mund
umlomo

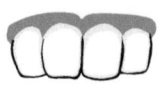

tand
amazinyo

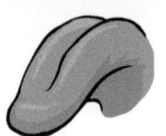

tunge
ulimu

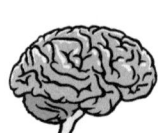

hjerne
ingqondo

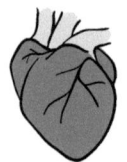

hjerte
inhliziyo

muskel
imasela

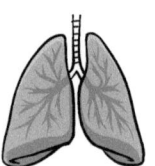

lunge
uphaphe

lever
isibindi

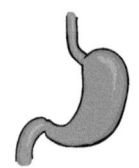

mavesæk
isisu

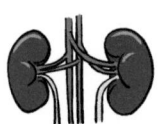

nyrer
izinso

sex
ucansi

kondom
ikhondomu

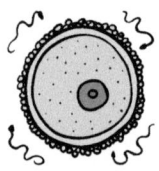

ægcelle
iqanda

sperm
isidoda

svangerskab
ukukhulelwa

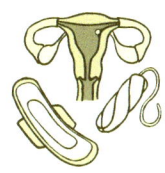

menstruation

ukuya esikhathini

vagina

imomozi

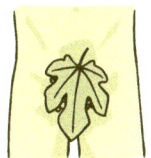

penis

umthondo

øjenbryn

ishiya

har

izinwele

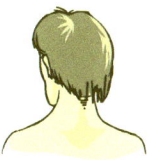

hals

intamo

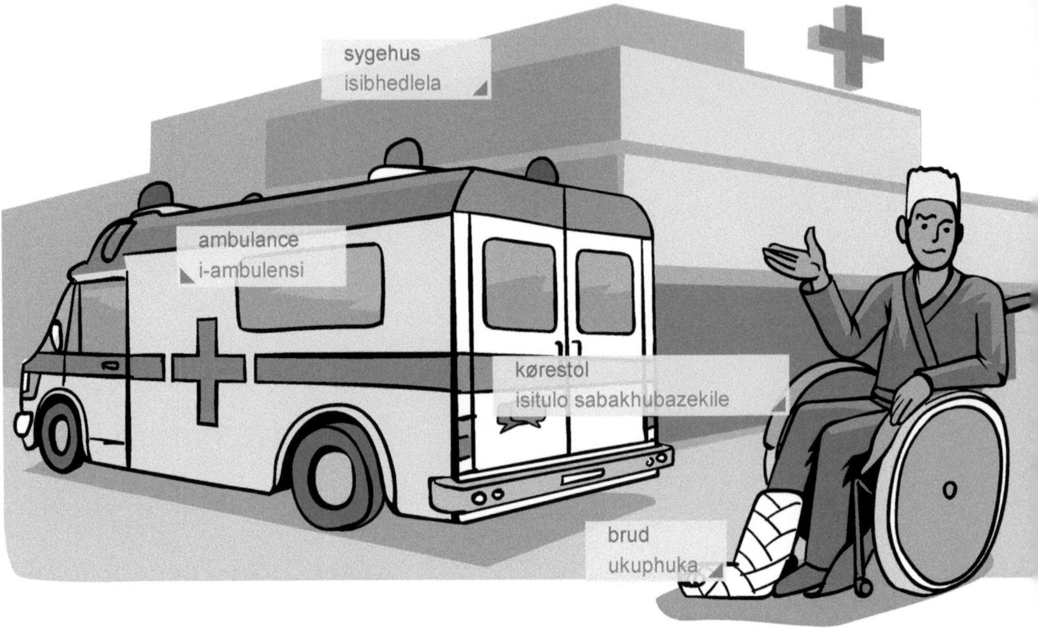

sygehus
isibhedlela

sygehus
isibhedlela
ambulance
i-ambulensi
kørestol
isitulo sabakhubazekile
brud
ukuphuka

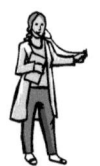

lægе

udokotela

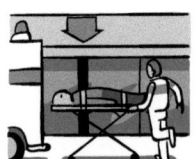

akutmodtagelse

igumbi leziguli ezidinga ukwelashwa okuphuthumayo

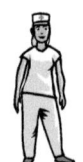

sygeplejerske

umhlengikazi

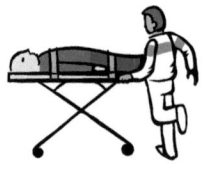

nødstilfælde

izimo eziphuthumayo

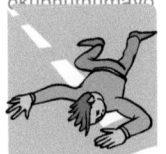

bevidstløs

ukuquleka

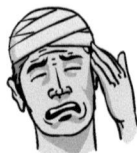

smerte

ubuhlungu

skade

ukulimala

blødning

ukopha

hjerteinfarkt

isifo senhliziyo

slagtilfælde

ukushaywa unhlangothi

allergi

ukungazwani komzimba
nezinto ezithile

hoste

ukukhwehlela

feber

imfiva

influenza

umkhuhlane

diarré

ukuhuda

hovedpine

ukuphathwa ikhanda

kræft

umdlavuza

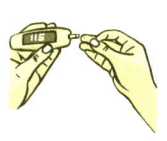

diabetes

isifo sikashukela

kirurg

udokotela ohlinzayo

skalpel

isikalpheli

operation

ukuhlinzwa

CT

CT

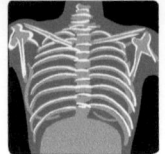

røntgen

i-x-ray

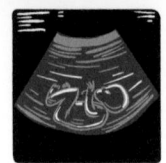

ultralyd

i-ultrasound

maske

imaskhi yasebusweni

sygdom

isifo

venteværelse

igumbi lokulinda

krykke

izinduko zokuhamba

plaster

iplasta

forbinding

ibhandishi

injektion

umjovo

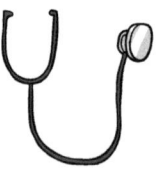

stetoskop

izipopolo zikadokotela

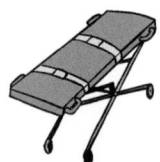

båre

i-stretcher

termometer

umshini okala izinga
lokushisa

fødsel

ukubeletha

overvægt

ukukhuluphala ngokweqile

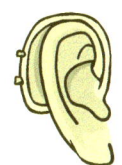

høreapparat

insizwa yokuzwa

desinficerende middel

ukungatheleleki

infektion

ukutheleleka

virus

ivariyasi

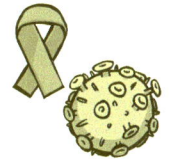

HIV / AIDS

HIV / AIDS

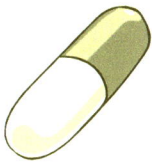

medicin

umuthi

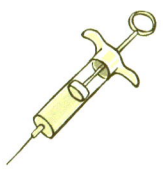

vaccination

umgomo

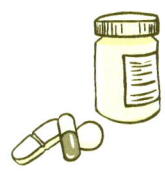

tabletter

amaphilisi

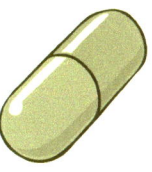

pille

amaphilisi

nødopkald

ucingo oluphuthumayo

blodtryksmaler

umshini okala umfutho wegazi

syg / rask

ukugula / ukuba umqemane

Hjælp!

Sizani!

alarm

i-alamu

overfald

ukuhlasela

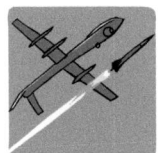

angreb

ukuhlasela

fare

ingozi

nødudgang

indawo yokubalekela
ngaphansi kwezimo
eziphuthumayo

Det brænder!

Umlimo!

ildslukker

isicimamlilo

uheld

ingozi

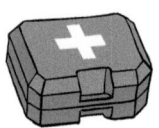

førstehjælps-kuffert

ikhithi yosizo lokuqala

SOS

SOS

politi

amaphoyisa

Europa

Europe

Nordamerika

North America

Sydamerika

South America

Afrika

Africa

Asien

Asia

Australien

Australia

Atlanterhavet

Atlantic

Stillehavet

Pacific

Indiske Ocean

Indian Ocean

Sydlige Ishav

Antarctic Ocean

Ishav

Arctic Ocean

Nordpol

North Pole

Sydpol

South Pole

Antarktis

Antarctica

Jorden

Umhlaba

land

umhlaba

hav

izilwandle

ø

isiqhingi

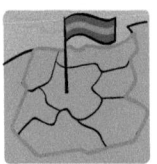

nation

izwe

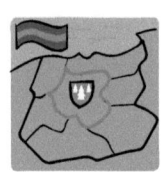

stat

inhlangano engokomthetho

urskive

ubuso bewashi

timeviser

isandla sehora

minutviser

isandla semizuzu

sekundviser

isandla sesibili

Hvad er klokken?

Ubani isikhathi?

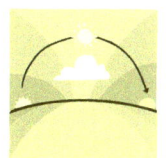

dag

usuku

tid

isikhathi

nu

manje

digitalur

iwashi lezibalo

minut

umzuzu

time

ihora

mandag
UMsombuluko

MO
TU
W
TH
FR
SA
SO

onsdag
ULwesithathu

fredag
ULwesihlanu

lørdag
UMgqibelo

tirsdag
ULwesibili

torsdag
ULwesine

søndag
ISonto

i går
izolo

i dag
namhlanje

i morgen
kusasa

morgen
ekuseni

middag
emini

aften
ntambama

arbejdsdage
izinsuku zeviki

weekend
impelasonto

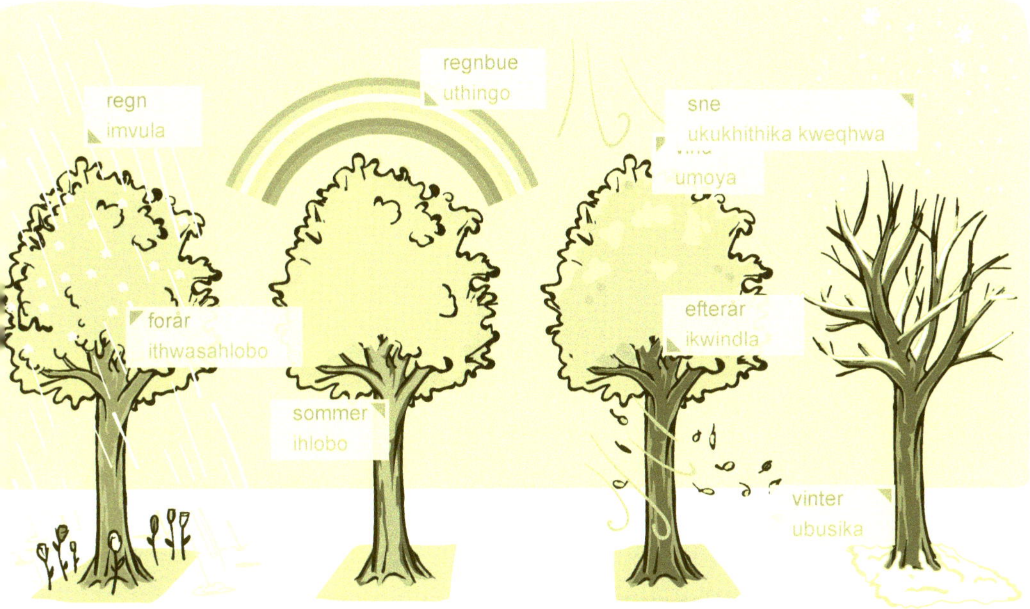

regn
imvula

regnbue
uthingo

sne
ukukhithika kweqhwa

umoya

forår
ithwasahlobo

efterår
ikwindla

sommer
ihlobo

vinter
ubusika

vejrudsigt

isimo sezulu

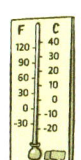

termometer

umshini wezinga lokushisa

solskin

ukushisa kwelanga

sky

amafu

tåge

inkungu

luftfugtighed

umswakama

lyn

ummbani

torden

ukuduma kwezulu

storm

isiphepho

hagl

isichotho

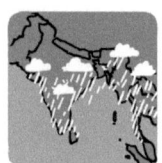

monsun

imvula enkulu

flod

izikhukhula

is

iqhwa

januar

UMasingana

februar

UNhlolanja

marts

UNdasa

april

UMbasa

maj

UNhlaba

juni

UNhlangulana

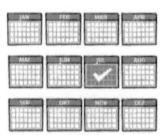

juli

UNtulikazi

august

UNcwaba

september

UMandulo

oktober

UMfumfu

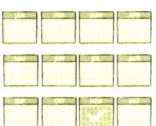

november

ULwezi

december

UZibandlela

former

amasheyphu

cirkel

indilinga

kvadrat

isikwele

firkant

unxande

trekant

unxantathu

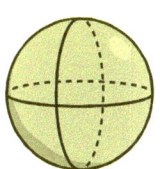

kugle

i-sphere

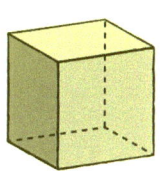

terning

i-cube

hvid

kumhlophe

gul

kuphuzi

orange

ku-olenji

pink

kuphinki

rød

kumbomvu

lilla

kuphephuli

blå

kuluhlaza
okwesibhakabhaka

grøn

kuluhlaza

brun

kubhrawuni

grå

kuphashile

sort

kumnyama

meget / lidt

kakhulu / kancane

rasende / fredelig

ukucasuka / ubumnene

smuk / grim

ubuhle / ububi

begyndelse / slut

isiqalo / isiphetho

stor / lille

kukhulu / kuncane

lys / mørk

kuyakhanya / kumnyama

bror / søster

umfowethu / udadewethu

ren / snavset

ukuhlanzeka / ukungcola

fuldkommen / ufuldkommen

ukuphelela / ukungapheleli

dag / nat

imini / ubusuku

død / levende

ukufa / ukuphila

bred / smal

ukuvuleka / ukunyinyeka

spiselig / uspiselig

okudliwayo / okungadliwa

vred / venlig

ukukhohlakala / umusa

ophidset / kedet

ukujabula / isithukuthezi

tyk / tynd

ukunona / ukuzaca

først / sidst

ukuqala / ukugcina

ven / fjende

umngane / isitha

fuld / tom

ukugcwala / ukuphela

hård / blød

ubunzima / ukuthamba

tung / let

ukusinda / ukubalula

sult / tørst

ukulamba / ukoma

syg / rask

ukugula / ukuba umqemane

illegal / legal

ngokomthetho / okungekho emthethweni

intelligent / dum

ukuhlakanipha / isiphukuphuku

venstre / højre

isinxele / esokudla

nær / fjern

eduze / kude

ny / brugt

kusha / sekusebenzile

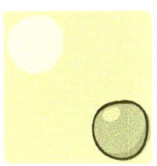

intet / noget

utho / okuthile

gammel / ung

okudala / okusha

tændt / slukket

vuliwe / kucishiwe

aben / lukket

vula / vala

stille / højt

kuthulekile / kunomsindo

rig / fattig

ukuceba / ubumpofu

rigtig / forkert

kulungile / akulungile

ru / glat

kugadlazekile / kuyashelela

ked af det / lykkelig

dabuka / jabula

kort / lang

kufishane / kude

langsom / hurtig

kuyanensa / kuyashesha

våd / tør

ukuba manzi / ukoma

varm / kold

ukufudumala / ukuphola

krig / fred

ukulwa / ukuthula

0

nul

uziro

1

en

kunye

2

to

kubili

3

tre

kuthathu

4

fire

kune

5

fem

kuhlanu

6

seks

isithupha

7

syv

isikhombisa

8

otte

isishiyagalombili

9

ni

isishiyagalolunye

10

ti

ishumi

11

elleve

ishumi nanye

12

tolv

ishumi nambili

13

tretten

ishumi nantathu

14

fjorten

ishumi nane

15

femten

ishumi nanhlanu

16

seksten

ishumi nesithupha

17

sytten

ishumi nesikhombisa

18

atten

ishumi nesishiyagalombili

19

nitten

ishumi nesishiyagalolunye

20

tyve

amashumi amabili

100

hundrede

ikhulu

1.000

tusinde

inkulungwane

1.000.000

million

izigidi

engelsk

isiNgisi

amerikansk engelsk

isiNgisi saseMelika

kinesisk mandarin

isiMandarin saseShayina

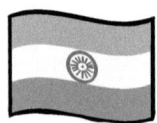

hindi

isiHindi

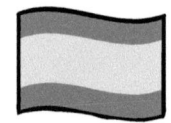

spansk

iSpanishi

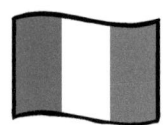

fransk

isiFulentshi

arabisk

isi-Arabhu

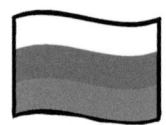

russisk

isiRashiya

portugisisk

isiPutukezi

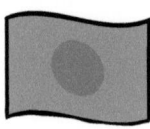

bengalsk

isiBengali

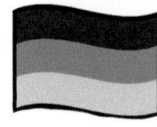

tysk

isiJalimane

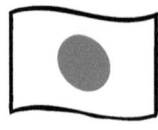

japansk

isiJapane

jeg

Mina

du

wena

han / hun / den / det

u / u / ku

vi

thina

I

nina

de

bona

hvem?

ubani?

hvad?

ini?

hvordan?

kanjani?

hvor?

kuphi?

hvornår?

nini?

navn

igama

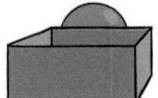

bag

ngemuva

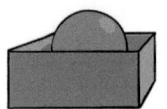

i

ngaphakathi

foran

phambi kwe

over

phezulu

på

ngaphezulu

under

ngaphansi

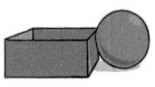

ved siden af

eceleni

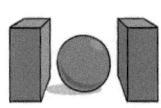

imellem

phakathi

sted

indawo